CAVALCADE

DE

1879

CHANSONS

PRIX : 25 CENTIMES

CHALON-SUR-SAONE
COMITÉ DE LA CAVALCADE
MDCCCLXXIX

CAVALCADE

DE

1879

CHANSONS

CHALON-SUR-SAONE
IMPRIMERIE L. LANDA RUE DU TEMPLE ET RUE DE LYON
MDCCCLXXIX

CHANSONS

INVITATION A LA BIENFAISANCE

AIR : *Que faudra-t'il faire ?* (*Giroflé-Girofla.*)

La Cavalcade chalonnaise
Après plus d'onze ans de repos,
Comme un tableau de Véronèse
Vient étaler ses oripeaux.
Elle offre en sa royale aisance
Le Valois galant — Henri deux —
Mais son cortège hasardeux
Met dans ses rangs la Bienfaisanee. (*bis*)

Ce souverain de quelques heures
Ne fera point pleurer les gens ;
Il sourit devant nos demeures
Pour soulager les indigents ;
S'il honore de sa présence
Sa bonne ville de Chalon,
C'est qu'avec un bruit d'aquilon,
Il appelle la Bienfaisance. (*bis*)

Le cœur joyeux, la bourse prête,
Bons habitants de la cité,
Donnez au roi de cette fête
Par les mains de la Charité !
Donnez tous avec complaisance !
Nos plaisirs ont un but divin ;
Que la gaîté n'ait pas en vain
Un rayon de la Bienfaisance. (*bis*)

Donnez, emplissez l'escarcelle
De cette jeunesse qui bout,
Qu'à flots lourds l'offrande ruisselle
Comme un fleuve gonflé partout !

L'argent éteint la médisance,
Une aumône est sainte toujours
Quand elle élargit les secours
Que doit verser la Bienfaisance. (*bis*)

Sonnez, clairs instruments de cuivre !
O troupe folle, amusez-nous !
Le riant Avril veut vous suivre !
Et danser, ce soir, avec vous !
Déployez la magnificence
Des âges qui sont submergés,
Pour qu'au foyer des affligés
Puisse venir la Bienfaisance ! (*bis*)

La voyez-vous, la Cavalcade,
Rouler et fuir comme un torrent !
Ses grands chars, plus hauts qu'une arcade,
Fendant la foule en conquérant ;
Leurs troncs montrent l'insuffisance
De leurs flancs ouverts au bon Dieu ;
Le pauvre bénira le lieu
Qui recueille la Bienfaisance. (*bis*)

ON VOIT BIEN
QU'ELLE EST DE CHALON

BALLADE.

Le nez au vent, rieuse, accorte,
Mobile comme un flot qui fuit,
Ses amours sont une cohorte
Dont les baisers troublent la nuit ;
La gaîté folle ouvre sa porte,
Elle est vive comme un frêlon ;
Elle est coquette... mais qu'importe ?
On voit bien qu'elle est de Chalon.

Blanche ou rose, chétive ou forte,
Elle est née au fond d'un réduit
Où ses seize ans lui font escorte ;
Un rayon d'or parfois y luit,
Mais quand son gai travail l'emporte
A l'atelier, ruche et salon,
La grâce en elle n'est point morte ;
On voit bien qu'elle est de Chalon.

Sa toilette est de telle sorte
Que chaque mode la conduit;
Son regard mutin vous transporte
Et son éclat joyeux séduit...
Mais si son rêve un jour avorte,
Elle a du chic jusqu'au talon,
Un pied mignon toujours la porte:
On voit bien qu'elle est de Chalon.

ENVOI

Roi (1), qu'une Cavalcade exhorte
A rouvrir un riche filon,
La Charité nous réconforte...
On voit bien qu'elle est de Chalon.

(1) Henri II, roi de France.

LE CHARLATAN

Zim ! boum ! en avant la musique,
Voici le char du charlatan :
Est-il pas vraiment magnifique?
En est-il de plus éclatant?
Il vient, lent, lourd, majestueux,
Chamarré, cossu : c'est un prince
Qui sème l'or de sa province
Le long de vos pavés poudreux !

Refrain

Venez ! on peut voir, s'approcher ;
Même on vous permet d'y toucher,
Soyez tout yeux et tout oreilles
On vous fera voir des merveilles :
Car notre ami Charle attend
Dans le char du charlatan !

Resplendissant comme une châsse
Quel est donc ce héros fameux
Qui sur ce beau char se prélasse,
Est-ce un prince, est-ce un fils des dieux ?
— Non, il n'est ni roi ni sultan,
Mais il a découvert un baume
Qui vaut cent fois mieux qu'un royaume :
Saluez ! c'est le charlatan.

Oui c'est lui-même. En droite ligne
Il vient du *Vernichicala* :
Il a fait une cure insigne
Chez le roi de ce pays-là !
Honore-toi de posséder
Le grand docteur, ô Cavalcade,
Quand chez son auguste malade
On a tout fait pour le garder !

Mais il n'est pas fier : sa science
(Car il a des certificats)
Est aux ordres de l'indigence :
Qui veut de son baume en aura.
Baume sauveur ! baume béni !
Avez-vous des cors, la colique,
Souffrez-vous de la sciatique ?
Une goutte, et tout est fini.

Et du mirifique dictame
Qui guérit tous les maux connus,
Savez-vous, monsieur ou madame,
A quel prix on met les vertus?
Et bien ! ce n'est pas cent, pour vous,
Et ce n'est pas même cinquante,
Ce n'est pas vingt, ce n'est pas trente,
Ce n'est pas quinze, c'est... dix sous !

Hâtez-vous, clients à colique,
Huit flacons me restent encor :
On n'en aurait pas pour de l'or
Un neuvième... allez la musique !
Frappez la caisse à tour de bras,
En possédés, ou Dieu vous damne !
Crevez s'il le faut la peau d'âne
Crevez !.... on en retrouvera !

LES ADIEUX DU CONSCRIT

ÉLÉGIE RUSTIQUE

Conscrit de cette année, au grand jour du tirage,
Je n'ai pas mis la main dans les bons numéros ;
Plaignez la maladresse.... et pensez si j'enrage :
Me voilà mis, hélas ! au nombre des héros.

Je suis indispensable au cinquième de ligne,
De m'y rendre à grands pas je viens d'être sommé ;
Du conseil réviseur l'aveuglement m'indigne :
Il m'a trouvé trop beau pour être réformé !

Adieu donc, nos juments, notre veau, notre vache,
Adieu, tout nos bestiaux, adieu, mes chers parents !
Quatre fois l'an au moins, sans que ma sœur le sache,
Pour étourdir ma peine, envoyez-moi six francs.

O vous qui, mieux lotis, restez à vos familles,
Amis, en vous quittant j'emporte le regret
Des beaux jours où mon bras sut vous gagner aux quilles
De quoi goûter l'ivresse au sein du cabaret.

Adieu, mon cœur, ma mie, adieu, Lison, ma blonde !
Je garde ton foulard pour gage de ta foi.....
Je serai courtisé des dames du grand monde,
Mais mes plus chers objets seront la gloire et toi.

On dit qu'en garnison le sexe vous assiège ;
Le cœur d'un beau troupier, si j'en crois un ancien,
Par quelque cuisinière est toujours pris au piège :
Ne crains point, ma Lison, ce danger pour le mien.

Pense de ton côté, pour me tenir parole,
Que l'uniforme va réparer grandement
Le tort que pour toujours la petite vérole
A fait à la beauté de ton sensible amant.

DÉLIVRANCE

Respire enfin, peuple français,
Tu recouvres l'indépendance ;
Au jour de tes anciens succès,
Joint le jour de la délivrance,
Quel triomphe après ton malheur,
France ! tu n'es plus asservie !
O liberté ! gloire ! bonheur !
Régnez enfin sur la patrie.
Liberté, don sacré des dieux,
O liberté qui nous enflamme,
Liberté, mère des heureux,
Ah ! sors du secret de notre âme,

Viens ! impose un terme au malheur,
Rassure ta France chérie ;
O liberté ! gloire ! bonheur !
Régnez enfin sur la patrie !

Le bonheur est loin des hauts faits ;
La liberté, voici la gloire ;
Idole chère à tout Français
Qu'elle remplace la victoire.
Soyons tous unis par le cœur,
Bannissons la haine et l'envie :
O liberté ! gloire ! bonheur,
Vous règnerez sur la patrie.

Un vieux de la vieille.

AUX JEUNES GENS DE CHALON

AIR : *Vous qui voulez des servantes (Cloches de Corneville).*

Messieurs les célibataires,
Nous guerroyons sur vos terres,
Approchez-vous (*bis*).
Pourquoi fuir les jeunes filles ?
Qui peut donc vous abuser ?
Vrai, nous serions très-gentilles
Si vous vouliez nous épouser,
Ah ! oui, nous épouser. (*bis*)

R'gardez celles-ci, r'gardez celles-là,
N'aimez-vous pas mieux celles-là;
D'mandez celle-ci, d'mandez celle-là,
Ne restez pas comme cela !

Ne serions-nous pas charmantes,
Soumises et très-aimantes ?
Ecoutez-nous. (*bis*).
Voulez-vous chers égoïstes,
Au maire ainsi résister ?
Nos cœurs en deviendront tristes,
Et nous allons vous détester.
Oh! oui, vous détester, (*bis*).

Voyez celle-ci, voyez celle-là,
N'aimeriez-vous pas celle-là;
Prenez celle-ci, ou bien celle-là,
Ne restez pas comme cela.

C'est aux gars de la Bourgogne
Que nous disons sans vergogne :
Mariez-vous; (*bis*).
Ne soyez-donc pas timides,
Messieurs, laissez-vous charmer.
Plus tard vous aurez des rides,
Vous ne saurez plus aimer,
Non, non, non, plus aimer. (*bis*).

Prenez celle-ci, prenez celle-là,
Plus d'vieux garçons comme cela ;
D'mandez celle-ci, ou bien celle-là,
Ne restez pas comme cela.

Les Demoiselles de Chalon.

CHANSON

Laissez l'Envie au front morose,
S'irriter de votre gaîté,
Le chardon jalouse la rose,
Le vers est honni par la prose,
Et le hibou fuit la clarté.

Il faut à l'onde un frais murmure,
Aux poëtes un doux loisir,
Le soleil à la treille mûre,
Des nids d'oiseaux à la ramure,
A la jeunesse, le plaisir.

Allez donc, marquis et pierrettes,
Incroyables et joyeux fous,
Chevaliers aux riches aigrettes,
Mignons aux fines collerettes,
Par la ville répandez-vous.

Ranimez l'ardente étincelle,
Du vieux rire et de la gaîté,
Mais surtout tendez l'escarcelle,
Et qu'à flots l'offrande y ruisselle,
Pour le pauvre deshérité.

Chacun y mettra son obole,
Et si quelque envieux jaloux,
Vous traitait de jeunesse folle,
Par une simple parabole,
Je désarmerai leur courroux.

Brise donc, Envie obstinée,
L'arme de ta sévérité.
Toute folie est pardonnée,
Quand on la voit illuminée
D'un rayon de la charité.

(*Extrait du Recueil de 1868*).

A GAMBRINUS

O Gambrinus ! dieu de la bière,
Que tes innombrables faveurs,
Pleuvent sur la famille entière
Des inspirés et des buveurs !

Verse-nous ta liqueur dorée
Pleine de mousse et de rayons.
Tu viens de la blonde contrée,
Où l'orge enrichit les sillons !

Dans notre chope haute et pleine,
O Gambrinus, verse toujours !
Nous voulons boire à perdre haleine,
Pour oublier les mauvais jours.

LES CHANSONS FONT BOIRE

Sur un air du XVIe siècle.

Vineuses chansons, à tort on vous blâme,
Refrains pour bien boire, à qui nuisez-vous ?
En louant parfois un breuvage doux,
Contre la morale est-ce qu'on s'enflamme ?

Grâce à vous, la soif s'éveille ou s'apaise,
Et vous provoquez le rire et l'esprit ;
L'œil a des éclairs, le teint refleurit,
Et sur notre cœur nul ennui ne pèse.

Le gosier devient une avide éponge,
Il semble plus sec que l'aire d'un four,
Il faut le mouiller tout le long du jour
Avec un vieux vin brillant comme un songe.

Versez-moi, voisin, le sang pur des vignes,
Je suis bourguignon, ne l'oubliez pas ;
Epargnez-moi l'eau, car à chaque pas,
Elle court laver la blancheur des cygnes.

Qu'on fasse servir cette eau vagabonde
A remplir le pot qui bout sur le feu ;
Bien qu'ayant du bon, je la crains un peu :
Elle a submergé plusieurs fois le monde.

Ferait-elle, amis, du bien à la gorge ?...
— Elle en fait, vraiment, comme à nos souliers
Quand ils sont pour l'eau trop hospitaliers ; —
Gardez sa fadeur à vos boissons d'orge.

Arrosez-en donc les prés, les légumes,
Mais n'en gâtez pas la bonté du vin ;
Il doit rester pur comme un don divin
Pour mieux mériter ses divers costumes.

Oui, versez, voisin, emplissez mon verre !
Nous allons chanter de folles chansons,
Le culte du vin veut des échansons,
La table est l'autel où je le révère.

UN FARCEUR

Attention !... ceci vous représente
Un garçon pétillant d'esprit,
Si réputé pour sa verve plaisante,
Que rien qu'en le voyant on rit.
Ah ! qu'au ciel il doit rendre hommage !
En lui donnant cet esprit-là,
Son créateur le dédommage
De l'air bête et commun qu'il a.
Ecoutez bien : le voilà dans son rôle,
Comme hier, comme tous les jours ;
Ah ! qu'il est fin, qu'il est gai, qu'il est drôle !
En fait-il de ces calembours !

Ses lazzis, ses contes comiques
Sont non-seulement amusants,
Mais respectables et classiques :
Le plus moderne a deux cents ans.

Jeunes beautés, dont ils font les délices,
Méfiez-vous ; car le gaillard
Tire souvent de son sac à malices
Un jeu de mots fort égrillard.
Mais, honni soit qui mal y pense !
Il est Français (sauf en parlant),
Donc il doit, rien ne l'en dispense,
Se montrer malin et galant.

Remarquez donc aussi dans son langage
Mille qualités de détail,
Qu'il n'aura pas acquises, je le gage,
Sans un prodigieux travail.
Que de frais, quels longs exercices
Il a faits pour s'approprier
L'argot *chicandard* des coulisses,
Du faubourg et de l'atelier !...

Il sait, de plus, jouer de bonnes farces ;
Par exemple, il est très-fréquent
Que, grâce à lui, dans un lit soient éparses
Des choses d'un effet piquant.
Une autre encor, des moins mauvaises,
Et qui fait voir tout ce qu'il vaut,
Consiste à fixer dans les chaises
Des épingles la pointe en haut.

Il est content de lui-même et du monde,
C'est juste : il plaît au monde entier ;
Vu le progrès, le genre humain abonde
De gens sachant l'apprécier.
Rivarol, Beaumarchais, Voltaire,
S'ils étaient vivants aujourd'hui,
N'auraient certes pas sur la terre
Autant d'admirateurs que lui.

V'LA C'QUE C'EST QUE L'CARNAVAL

Souvenir de la mascarade de 1840.

Morbleu, citoyen, garde à vous !
Car voici la fête des fous ;

C'est le temps de faire des farces,
D'agiter les carcasses,
De faire des grimaces,
De rire et boir', d'aller au bal,
Nous entrons dans l'carnaval.

Le monde est un drôle d'amas
De sots, de faiseurs d'embarras ;
Mais ça n'suffit pas quoi qu'on dise,
Il faut qu'on se déguise,
Pour fair' plus de bêtise,
Faut qu'on intrigu', qu'on aille au bal,
V'là c'que c'est que l'carnaval.

Voyez c'te vieill' qui n'a plus d'dents,
Comme ell' regrette son printemps;
Elle veut réparer l'outrage
Que les ans dans leur rage
Ont fait à son visage;
Sous un beau masque ell' court au bal,
V'là c'que c'est que l'carnaval.

Examinez mam'selle Suzon,
Ce joli, ce rusé tendron :
Elle est lass' d'êt' huit jours fidèle,
Et la chèr' demoiselle
Cherche un' passion nouvelle ;
Suzon se gausse et vole au bal,
Vl'à c'que c'est que l'carnaval

Madam' n'aim' plus trop son époux,
Monsieur d'madam' n'est plus jaloux ;
Tous deux se tir't une carotte,
Monsieur prend un' marmotte,
Madam' change de cotte ;
Chacun d'son côté file au bal,
V'là c'que c'est que l'carnaval.

Le célibatair' bon viveur
S'met à l'affût; en bon chasseur,
Soit en pierrot, soit en paillasse,
Il flaire la bécasse
Et l'ajuste sur place ;
C'est le plus grand attrait du bal !....
V'là c'que c'est que l'carnaval.

Tromper et papas et mamans,
Tromper maris, femmes, amants,

C'est par là que la race humaine
Semble rompre sa chaîne,
Et s'agite et s'entraîne,
Et fait rouler sa bosse au bal...
V'là c'que c'est que l'carnaval.

Quand chacun est brisé, rompu,
Ruiné, séduit, trompé.... *battu*...
Le jour du repentir avance,
Et tous dans le silence
Vont faire pénitence,
On mang' des z'harengs, n'y a plus d'mal :
V'là c'que c'est que l'carnaval.

Morbleu, citoyen, garde à vous !
Car voici la fête des fous ;
Profitez-en, faites des farces;
Agitez vos carcasses
Au milieu des grimaces,
Riez, buvez, dansez au bal,
Faites l'amour : c'est l'carnaval.

Par un vieux fou.

LE DIABLE DE SAUGY

Air : *la faridondaine, la faridondon.*

Un jour au diable il prit envie
De quitter les enfers,
Et de passer gaiement la vie
En courant l'univers.
Il part, et sans permission,
La faridondaine, la faridondon,
Débarque dans notre pays,
Biribi,
A la façon de Barbari,
Mon ami.

Après avoir bien réfléchi,
S'être gratté la tête,
Il s'écria : C'est par ici
Qu'il nous faut bien faire fête,
Et j'irai sans plus de façon,
La faridondaine, la faridondon,
Manger les gaudes à Saugy,
Biribi,
A la façon de Barbari,
Mon ami.

Aux alentours de Saint-Germain,
Ce fut terreur immense,
Quand le diable arriva soudain
Se mettre en subsistance
Au sein même de ce canton.
La faridondaine, la faridondon,
Dans une ferme de Saugy,
Biribi.
A la façon de Barbari,
Mon ami.

L'hôte, médiocrement content
D'un pareil voisinage,
Vint le prier fort poliment,
De cesser son tapage,
De déguerpir, et d'être prompt,
La faridondaine, la faridondon,
A débarrasser son logis,
Biribi,
A la façon de Barbari,
Mon ami.

Satan, qui s'y trouvait très-bien,
Fit de la résistance
Et, ne voulant céder en vain,
Lui dit pour sa défense :
« J'y suis, j'y reste, et j'ai raison ;
« La faridondaine, la faridondon,
« Et je ne sortirai d'ici,
« Biribi,
« Qu'à la façon de Barbari,
« Mon ami. »

Le malheureux fermier battu
S'en vint crier vengeance,
Et se présenta tout moulu
Dans la salle d'audience,
Suppliant que l'on fît raison,
La faridondaine, la faridondon,
De celui qui l'avait meurtri,
Biribi,
A la façon de Barbari,
Mon ami.

Alors on vit le tribunal
Et l'huissier à sa suite,
Sommer Satan, l'esprit du mal,
De sortir de son gîte,

Et de prendre le train de Lyon,
La faridondaine, la faridondon,
Sous peine de se voir saisi,
Biribi,
A la façon de Barbari,
Mon ami,

Cependant cet effet fut vain,
Car toute la brigade,
Vint le trouver le lendemain,
Lui fit une algarade,
Et le somma pour tout de bon,
La faridondaine, la faridondon,
D'aller chercher autre logis,
Biribi,
A la façon de Barbari,
Mon ami.

Satan n'ayant plus de maison
Et chassé de la Bresse,
Vint chercher refuge à Chalon,
Et cacher sa détresse,
En attendant l'occasion
La faridondaine, la faridondon,
De retourner dans son pays,
Biribi,
A la façon de Barbari,
Mon ami.

Mais sachant qu'une cavalcade
Allait s'organiser,
Il voulut être de l'aubade,
Avant de nous quitter ;
Il obtint la permission
La faridondaine, la faridondon,
De trôner sur son char aussi,
Biribi,
A la façon de Barbari,
Mon ami.

Dames et messieurs de Chalon,
Donnez d'un air aimable,
Votre obole aux mains du démon,
Car il est un bon diable,
Son repentir est sur son front,
La faridondaine, la faridondon,

Il irait presque en paradis,
Biribi,
A la façon de Barbari,
Mon ami.
Et vous habitants de Saugy,
Ne gardez pas rancune
A votre ancien ennemi
Quêtant pour l'infortune.
Que pour cette bonne action,
La faridondaine, la faridondon,
Un peu de tous il soit béni,
Biribi,
A la façon de Barbari.
Mon ami

LE JOUR DE PAQUES

Air de *Mon Ame* (de Béranger).

Joyeux gourmands, mes chers confrères,
Un temps bien doux arrive enfin :
Plus de jeûnes, plus de prières ;
C'est un bonheur que d'avoir faim... (*bis*).
Quarante jours passés dans l'abstinence
Ont dû pousser notre sagesse à bout ;
Nous n'avons plus l'embonpoint d'ordonnance... } *bis*
Ah ! croyez-moi, buvons bien, mangeons tout. }
Buvons bien, buvons bien, mangeons tout (*bis*)

Si le plus ancien gastronome,
Adam, ce célèbre gourmand,
Nous damna tous pour une pomme,
C'est qu'il ne put faire autrement. (*bis*.)
Si les fourneaux, la marmite et la broche,
Seuls, en ce temps, eussent flatté son goût,
Nous serions nés tous exempts de reproche... } *bis*.
Ah ! croyez-moi, buvons bien, mangeons tout. }
Buvons bien, buvons bien, mangeons tout. (*bis*).

Du temps pour abréger la course,
J'ouvre mon âme à la gaîté ;
Au malheureux j'ouvre ma bourse ;
J'ouvre les yeux sur un pâté... (*bis*).
J'ouvre ma porte à Lise peu farouche
Tout ce qui s'ouvre est assez de mon goût ;
Mais ce que j'ouvre encore mieux, c'est la bouche. } *bis*
Ah ! croyez-moi, buvons bien, mangeons tout. }
Buvons bien, buvons bien, mangeons tout. (*bis*).

Voyez la chèvre brouter l'herbe,
L'âne se gorger de chardons ;
Voyez autour de cette gerbe,
Se régaler coqs et dindons. (*bis*).
Nobles et rois, prélats, tous enfin suivent
Ce doux instinct qu'on voit régner partout :
Puisqu'ici bas tous les animaux vivent,
Ah ! croyez-moi, buvons bien, mangeons tout } *bis*
Buvons bien, buvons bien, mangeons tout. (*bis.*)

LE CHARLATAN

AIR : *C'est l'amour, l'amour, l'amour.*

Accourez, petits et grands,
Je sers le monde
A la ronde ;
Je porte dans tous les rangs
Mes secours aux mourants.

J'ai parcouru la terre entière,
Et l'on m'a pu voir, j'en réponds,
Plus d'une fois sur la frontière
Des Hottentots et des Lapons.
J'ai vu sous les deux zones,
Des serpents, des dragons ;
J'ai vu les Amazones ;
J'ai vu les Patagons ;
J'ai vu Bagdad et Pékin,
La Circassie,
La Russie.
J'ai vu le roi maroquin
Courir en palanquin.

J'ai vu les Cafres, les Tartares ;
J'ai vu des pays ignorés ;
J'ai vu des peuplades barbares
Par qui les boucs sont adorés ;
J'ai fait deux mille lieues
Pour chercher loin d'ici,
Sur les Montagnes-Bleues,
Les simples que voici.
J'ai vu, tout est éclairci,
Sur les terres
Étrangères,
Qu'on faisait l'amour aussi,
Deux à deux, comme ici.

J'ai vu, plus heureux que vous n'êtes,
Les odalisques du sérail;
J'ai vu, sur le sein des nonnettes,
Briller l'albâtre et le corail;
J'ai vu des Phrygiennes
Fraîches comme l'amour,
Et des Géorgiennes
Plus belles que le jour.
J'ai vu du pays bramin
La reine altière
En litière,
Qui m'a permis, en chemin,
De lui baiser la main.

J'ai vu, dans la Barbarie,
Des pâtres devenir muftis;
J'ai vu, de même, en Sibérie,
Des grands devenir bien petits.
La Fortune se joue
Des riches conquérants,
Et brise sous sa roue
Le sceptre des tyrans.
De l'Euphrate aux bords du Doubs,
De la Hollande
En Zélande,
Les époux sont presque tous
Coiffés comme chez nous.

J'ai vu le tombeau de Virgile,
J'ai vu le casque d'Attila;
Pour passer d'Ithaque en Sicile,
J'ai bravé Charybde et Scylla;
Aux îles fortunées
J'ai vu bien des ânons,
Et des femmes bornées
Passer pour des Ninons.
Parmi vous j'ai voyagé
Antropophages
Et Sauvages;
J'y devais être égorgé,
Mis en broche et mangé.

J'apporte, un présent du calife,
Des pastilles du grand Lama;
Un chapelet du grand-pontife
Et des diamants de Lima.

J'apporte, entre autres choses,
Pour nos vieilles Iris,
Un flacon d'eau de roses
Qui rappelle les ris.
J'ai, contre la faulx du temps,
A qui tout cède,
Un remède,
Et je fais durer cent ans
L'amour et le printemps.

J'ai, dans les ruines d'Athènes,
Trouvé un reste précieux :
C'est la langue de Démosthène
Si redoutable aux factieux.
Je pourrais, dans nos Chambres,
L'envoyer tout à point,
Car j'y connais des membres
Qui, je crois, n'en ont point.
J'ai, des gouffres infernaux,
Vu la porte :
J'en rapporte
La balance de Minos
Que j'offre aux tribunaux.

J'apporte, puisqu'il faut le dire,
Le perroquet du grand Mogol
Qui, pour se former et s'instruire,
Jusque chez nous n'a fait qu'un vol.
Il aime les harangues,
Il est fort érudit
Et parle dix-sept langues
Sans savoir ce qu'il dit.
Combien de femmes ici...
(Je ne soupçonne
Oh! personne),
Mais j'en connais, Dieu merci,
Qui parlent bien aussi.

Du reste, il flatte, il rampe, il pince,
On voit bien qu'il fut courtisan :
Il conserve même en province
Un esprit fourbe et médisant ;
Mais des vierges du Pinde
Il est le nourrisson,
Et c'est lui qui, dans l'Inde,
Rêva cette chanson.

Je fais avec mon oiseau
Quelques merveilles
Sans pareilles ;
De la vieille au noir museau
J'arrête le ciseau.

Je pourrais donner mille preuves,
Qu'assisté de ce beau phénix,
J'ai sauvé plus de trente veuves
Des ondes bourbeuses du Styx.
Pour ces maux incurables,
J'ai, comme on le sait bien,
Des secrets admirables
Que je donne pour rien.
Oui, je réponds corps pour corps
De tout malade
Au teint fade,
Car j'ai, sur les sombres bords,
Ressuscité des morts.

Je fais soupirer les dévotes,
Je viens au secours des laidrons ;
Je donne de l'esprit aux sottes,
De l'amour aux jeunes tendrons,
Aux vieillards, des maîtresses :
Aux filles, des amants ;
Aux époux, des Lucrèces ;
Aux oisifs, des romans ;
J'ai, pour le vieux débauché,
Certaine drogue
Analogue.
Et j'en place à bon marché
Dans plus d'un évêché.

J'apporte à nos directeurs d'âmes
Deux ou trois grains d'humilité ;
A vos maris, mes belles dames,
Une once de fidélité.
J'apporte l'espérance
A nos auteurs tombés
Et de la tolérance
A nos petits abbés.
Messieurs, je possède encor
Un talent rare
Pour l'avare :
Je puis, sans le moindre effort,
Remplir son coffre-fort.

J'apporte du pays d'Omphale
De quoi répondre à tous vos vœux :
C'est la pierre philosophale,
Et je fais de l'or quand je veux.
J'en ferais bien sur place
Même avant déjeuner ;
Mais donnez-moi de grâce
Trente sous pour dîner.
Accourez petits et grands,
Je sers le monde
A la ronde
Je porte dans tous les rangs
Mes secours aux mourants.

GLOUS GLOUS

Air : *Oui, oui, oui c'est en vain.*

Glous glous, charmants glous glous,
Vous qu'en ce monde
On célèbre à la ronde ;
Glous glous, charmants glous glous,
Ah ! dites-moi, pourquoi nous grisez-vous ?

L'homme dans sa joie
Vous fête et vous choie,
Les tendres amours
Vous suivent toujours.
Ah ! pour vous connaître
Qu'il est doux de naître !
Vous semez des fleurs
Ce vallon de peurs.
Glous glous, charmants glous glous, etc.

Plein jusqu'à la bonde,
Je me crois au monde
Exprès pour jouir
Et me réjouir,
A tout je me prête
Et je ne m'arrête
Que quand j'ai mangé
Dix fois ce que j'ai,
Glous glous, charmants glous glous, etc.

De quelque guinguette
Reviens-je en goguette,
J'ai beau, l'air content,
Rentrer en chantant....
Ma femme fait rage ;
Grand dieux ! quel orage,
Jamais vent du Nord
Ne soufla plus fort.
Glous glous, charmants glous glous, etc,

Quel malheur d'être ivre!
Hier, me sentant ivre,
Un charmant désir
Sembla me saisir ;
Je voulus à Rose
Dire quelque chose
De bien doux, ma foi ;
Impossible à moi.

Glous glous, charmants glous glous, etc.

J'aime le champagne,
L'amour l'accompagne ;
Mais dès que j'en bois
Trois ou quatre doigts.
J'agace les filles
Jeunes et gentilles
Qui, sans nul propos,
Me tournent le dos.

Glous glous, charmants glous glous, etc.

A jeun, vrai novice,
J'ai l'horreur du vice,
J'aime la vertu ;
Mais dès que j'ai bu
Ma foi je ne rêve
Qu'au doux péché d'Eve,
Qu'aux baisers mondains
Au fond des jardins.

Glous glous, charmant glous glous, etc.

De ce jus d'octobre,
Soyons donc plus sobre,
Car je crains l'effet
Qu'il m'a toujours fait,
Or, demain sans faute,
J'en jure à voix haute,
S'il n'est pas tout sec,
Je divorce avec.

Glous glous, charmants glous glous,
Vous qu'en ce monde
On célèbre à la ronde ;
Glous glous, charmants glous glous,
Ah ! dites-moi, pourquoi nous grisez-vous ?

Ces trois chansons sont extraites du *Recueil* de chansons inédites de Victor Delacroix, de Sennecey-le-Grand, décédé le 29 juillet 1849.

LA
FÊTE PATRONALE DE L'ILE D'AMOUR

Air : *Jadis les rois, race proscrite (La fille de madame Angot).*

Célébrons ce faubourg superbe
Dont saint Laurent est le patron.
La Saône y rit à travers l'herbe,
Ile d'Amour, voilà son nom.
Quand ses enfants y font la fête,
Ils s'en acquittent de leur mieux.
Les filles y vont en conquête
Et les soldats y sont joyeux.

Refrain

Oui, dans ce jour de grande liesse,
Qui nous offre un attrait si grand,
Ce faubourg voit que la jeunesse
Est très-dévote à Saint-Laurent. } *is.*

Chacun connaît les goûts nautiques
Des enfants de l'île d'Amour,
Sur la Saône aux eaux pacifiques.
Il faut les voir en ce beau jour,
Montant leur frêle périssoire ;
Les pagayeurs sont en maillot,
Et leur devise fait leur gloire ;
Ils ont des airs de matelot.

Refrain

Et voilà comme sa jeunesse
Entend s'amuser dans le grand.
Que ce beau jour toujours renaisse !
Vivent les fils de Saint-Laurent ! } *bis.*

Puis, pour bien finir notre fête,
Un feu d'artifice est tiré,
Nous y mettons un prix honnête,
Et chacun le trouve à son gré.
Venise y fournit ses lanternes,
On y danse sur le rempart,
Et les soldats de nos casernes
Y semblent plus gais qu'autre part.

Refrain

Pleine d'entrain, que ta jeunesse,
Ile d'Amour, ait le cœur grand,
Que tout canotier te connaisse
Pour venir fêter Saint-Laurent ! } *bis.*

IMPRIMERIE L. LANDA, RUE DU TEMPLE.

www.ingramcontent.com/pod-product-compliance
Ingram Content Group UK Ltd.
Pitfield, Milton Keynes, MK11 3LW, UK
UKHW020445220726
13923UKWH00005B/2350

9 782019 177843